AF346259

La Propriété pendant la révolution française

La Propriété pendant la révolution française

Paul Janet

Homme et Littérature

Editions Homme et Littérature

© Le Mono
ISBN : 978-2-36659-523-9
EAN : 9782366595239

La révolution de 1789 a été, à n'en pas douter, une révolution sociale : a-t-elle été aussi une révolution socialiste ? Pour résoudre cette question, il faudrait s'entendre sur le sens du mot socialisme, et il faut avouer que, s'il est facile de réfuter le socialisme, il n'est pas aussi facile de le définir. On désigne généralement par là une doctrine qui porte atteinte au principe de la propriété individuelle. Cependant toute modification au régime de la propriété doit-elle par là même être appelée une mesure socialiste ? Nul doute qu'à toutes les époques de l'histoire on n'ait plus ou moins modifié le régime de la propriété ; les diverses lois successorales dans les différents pays en sont une preuve suffisante : toutes ces modifications seront-elles à la charge ou à l'honneur du socialisme ? Bien loin de le compromettre par là, on lui donnerait au contraire une généalogie et une tradition dont il n'a pas besoin. Il faut donc restreindre le socialisme, si on ne veut pas tout confondre, à la conception d'un ordre nouveau et purement chimérique de distribution des richesses, qui les mettrait à portée de tous par l'autorité de la loi. Sans nous perdre dans des définitions abstraites, si difficiles à délimiter avec précision, contentons-nous, pour ce qui concerne la révolution, d'avancer les deux propositions suivantes, qui suffisent à l'absoudre de toute compromission avec les idées socialistes modernes : la première, c'est que dans ses réformes la révolution s'est appuyée sur un principe généralement admis jusqu'alors par tous les gouvernements, tous les publicistes, tous les jurisconsultes, à savoir, le droit de régler là propriété par la loi. En second lieu, la conséquence de ces réformes a été un établissement plus solide que jamais du droit et du fait de la propriété individuelle. Bien loin que la révolution française puisse être considérée comme ayant, dans ses grandes réformes, violé le principe de la propriété, c'est à elle au contraire que l'on doit la confirmation la plus ferme de ce principe comme inviolable et sacré : c'est là surtout qu'est notre plus sûre garantie contre les chimères du socialisme. Ce n'est donc pas, comme on fait d'ordinaire, l'expérience des siècles qu'il faut invoquer contre ces chimères : elle ne leur serait au contraire que trop favorable, car l'ancien régime n'est que l'histoire des usurpations constantes du pouvoir contre la propriété, et ce que la révolution a fait dans ce sens lui vient de l'ancien régime. Ce qui lui est propre au contraire est ce qui nous défend le mieux et le plus sûrement contre les utopies spoliatrices ;

ce sont les principes mêmes de 89 : c'est à ces principes que nous devons les fortes attaches de notre société au droit de propriété individuelle. Ceux qui, pour détruire le socialisme, veulent réagir contre la révolution ne font que porter l'eau à la rivière, en faisant du socialisme à rebours. L'arme la plus forte contre le socialisme, c'est la propriété individuelle. Or nulle part, dans aucun temps ni dans aucun pays, elle n'a été plus fermement revendiquée et plus fortement garantie que par la révolution.

Nous voudrions nous rendre compte de la conception que la révolution française s'est faite de la propriété, surtout dans l'assemblée constituante, qui seule en ces matières a laissé quelque chose de stable et de persistant. Il ne faut pas confondre les mesures révolutionnaires avec les institutions de la révolution : les unes sont des actes transitoires, les autres des lois fondamentales ; ce sont ces lois seules qui constituent ce que l'on peut appeler l'esprit de la révolution. N'étant pas jurisconsulte, nous n'avons pas la prétention de faire l'histoire de la législation civile pendant cette période : nous renvoyons sur ce point aux ouvrages spéciaux. Ce que nous voulons surtout étudier, ce sont les principes qui ont guidé les législateurs ; c'est leur philosophie de la propriété.

La révolution française a touché à la propriété dans trois circonstances mémorables. Elle a touché à la propriété individuelle par l'abolition des droits féodaux, — à la propriété dans la famille par les lois successorales — enfin à la propriété de corporation par l'aliénation des biens ecclésiastiques. Quels ont été, dans ces trois grandes circonstances, les principes invoqués de part et d'autre par les partisans ou les adversaires de ces grandes mesures ?

I

Tout le monde sait que la révolution de 1789 a aboli les droits féodaux ; mais qu'était-ce que les droits féodaux ? C'est une remarque profonde de Tocqueville que, séparés de l'ancien régime par un siècle à peine, nous n'en avons cependant que la plus confuse idée. Nous savons encore assez bien ce qu'étaient certaines institutions politiques, états-généraux ou provinciaux, parlements, lits de justice, assemblées des notables, etc ; mais tout ce qui concerne l'ordre social proprement dit, les rapports qui existaient entre les classes, le bien-être ou le malaise des populations, les abus, réels ou non, imputés au passé, le train quotidien de la vie, tout cela est pour nous couvert d'un voile. La sagacité de Tocqueville avait bien démêlé que c'était cette ignorance qui rendait jusqu'ici nos jugements sur la révolution si arbitraires et si contraires, et il avait commencé à élucider cette question dans son beau livre sur l'*Ancien régime et la révolution.*

Il ne nous appartient pas de nous enfoncer dans cette étude, qui regarde particulièrement les historiens : ce que nous avons surtout à rechercher, c'est la théorie juridique qui s'était formée avec le temps, et par une pratique continue, sur les droits féodaux, théorie qui a été la règle de l'assemblée constituante en cette matière ; ce sont les principes qui l'ont guidée et dirigée, principes qui étaient alors, il faut le dire, acceptés d'un commun accord, car, si l'on discutait sur les détails, la nuit du 4 août nous apprend qu'on était presque unanime sur les principes. Or, pour nous rendre compte de ces principes, nous avons à notre disposition un document inestimable, et qui n'a peut-être pas été suffisamment utilisé : ce sont les *Rapports* de Merlin de Douai à l'assemblée constituante ou plutôt au comité de féodalité. Ces rapports, faits avec une autorité magistrale et une grande largeur d'esprit, contiennent, sous la forme la plus claire, la théorie la plus savante de la féodalité ; cette théorie au reste n'est pas exclusivement propre à Merlin ; c'est le résumé de tous les travaux des juristes depuis des siècles. Les historiens trouveront peut-être à redire à ces théories ; mais elles n'en sont pas moins elles-mêmes des faits historiques importants, car c'est au nom de ces conceptions juridiques que les tribunaux jugeaient tous les jours dans les affaires civiles ; c'est au nom de ces conceptions que l'une des plus grandes et des plus fécondes mesures de la révolution a été décrétée. Toute la théorie de la constituante en matière de droits féodaux repose sur la distinction des droits rachetables et des droits non rachetables. En quoi consiste cette distinction ? Quel en est le fondement ? Que doit-elle représenter pour nous ?

Suivant Merlin, le terme de *droits féodaux* ne doit signifier rigoureusement que les droits qui sont nés du contrat de fief ou d'inféodation : nous expliquerons plus tard le caractère propre de ce contrat ; mais dans l'usage ce terme avait fini par s'étendre à tous les droits, quels qu'ils fussent, qui se trouvaient ordinairement réunis entre les mains des seigneurs, et dont l'ensemble composait ce que les feudistes appelaient le *complexum feudale*. C'est ainsi que, suivant Merlin, les rentes seigneuriales, les droits de champart, les corvées, les banalités, même les tailles seigneuriales, n'étaient pas à proprement parler des droits féodaux, mais en avaient pris le nom par leur mélange avec ces droits. Comment se reconnaître au milieu de cette complexité ? C'est cependant ce qu'il faut essayer de faire, si l'on veut comprendre le principe du rachat et du non-rachat appliqué à tant de droits différents. Merlin est l'autorité décisive en ces matières, car ce sont ses vues, ses théories, qui ont été adoptées et mises à exécution par la constituante : il méritait d'ailleurs cette autorité par sa science profonde, son expérience juridique et la haute lucidité de son esprit.

Lorsque l'on décompose le *complexum feudale*, on y rencontre, selon Merlin, divers éléments, et en premier lieu un certain nombre de droits sur l'origine historique desquels on n'est pas d'accord, mais qui avaient pour caractère d'être représentatifs des droits de souveraineté. On sait qu'au moyen âge la souveraineté a suivi la propriété, et réciproquement. Le seigneur était à la fois souverain et suzerain. Son titre de propriétaire lui conférait tout ou partie de la puissance publique. Réciproquement, le souverain, le roi par exemple, était en même temps propriétaire et souverain. De cette confusion étaient nés une multitude de droits qui lui avaient survécu. Depuis longtemps, la puissance publique s'était concentrée entre les mains du roi : le seigneur ne possédait plus que les moindres privilèges de l'autorité publique ; un grand nombre de droits qui primitivement avaient le caractère de contributions publiques s'étaient transformés en revenus privés. Ces droits représentatifs de la souveraineté étaient appelés *droits de justice*, et la souveraineté féodale s'appelait *la justice*. De là cet aphorisme : la justice suit le fief, mais sans se confondre avec lui. Les justices seigneuriales ne comprenaient pas seulement les droits de juridiction et les tribunaux, mais tous les droits pécuniaires et autres qui dérivaient de la souveraineté, laquelle était devenue une fiction ou un abus, depuis que l'autorité de l'état s'était substituée partout à l'autorité féodale.

Voici quels étaient les principaux de ces droits : la *confiscation* des biens des condamnés à mort : c'est ce qu'on appelait les fruits de haute justice, — le droit sur les poids et mesures, — le droit de *déshérence*, ou droit de succéder en cas de défaut d'héritier, — droit d'*épaves* et de *varech* ou droit de recueillir les objets jetés par la mer en cas de naufrage et en général de tout objet perdu, — droit d'*aubaine*, droit de recueillir la succession de tout étranger mort sur les domaines du seigneur, — droit de *bâtardise*, même droit à l'égard des bâtards, — droit de *minage*, droit sur les ventes, représentant, suivant les uns, le rachat de l'interdiction des ventes, suivant les autres, la peine que prend le seigneur de faire des règlements de police, — droit d'*afforage*, de *gambage*, etc., droit sur les boissons débitées dans les cabarets, en retour de la police des officiers seigneuriaux, — propriété des chemins publics non royaux, et des rivières non navigables, — enfin droit de *pêche* et droit de *chasse*.

Tous ces droits, quelle qu'en ait pu être la justice à l'origine, représentaient un état de choses qui n'existait plus depuis longtemps, celui où le seigneur, féodal avait tous les attributs et les charges de la souveraineté ; mais depuis plusieurs siècles ces attributs et ces charges étaient passés peu à peu des seigneurs à la puissance publique, qui, elle-même, faisait payer sa protection au peuple par des impôts que les nobles n'acquittaient pas : le peuple continuait donc à payer aux seigneurs des services que ceux-ci ne rendaient plus, et payait en même temps à la royauté les mêmes services dont les seigneurs de leur côté profitaient sans les payer. On voit que d'injustices accumulées pesaient sur la tête des travailleurs, et combien il était équitable que cette première classe de droits fût abolie sans indemnité : c'était déjà beaucoup de ne pas intenter une action en restitution contre des droits levés depuis si longtemps d'une manière illégitime.

Une seconde classe de droits, encore improprement appelés droits féodaux, étaient les droits de *mainmorte*, à savoir la servitude personnelle, et tous les droits représentatifs de la servitude. On sait qu'en effet, à côté des rapports du vassal et du seigneur, il y avait celui du serf et des hommes libres. Le servage, atténuation plus ou moins grave de l'esclavage, était cependant encore une forme de l'esclavage. Le servage lui-même s'était atténué et modifié avec le temps ; mais il n'était pas encore entièrement supprimé en 1789, et d'ailleurs, là même où il avait été aboli, c'était au prix de certaines redevances personnelles ou pécuniaires que condamnait l'illégitimité de leur origine, car l'assemblée constituante ne pouvait pas admettre, et avec raison, que la liberté personnelle pût être l'objet d'un contrat. On comprend donc que ces sortes de droits dussent être abolis sans rachat parce qu'ils représentaient des droits inaliénables qui n'avaient jamais pu être ni achetés, ni vendus.

Mais si l'on était d'accord sur le principe, l'application présentait de graves difficultés, car il s'agissait de décider, entre les innombrables droits dont les citoyens étaient accablés, quels étaient ceux qui représentaient la servitude primitive, et même si, dans ce cas, il y avait toujours lieu d'abolir sans rachat, car, disait Merlin, le mainmortable doit-il se trouver dans une situation meilleure que le censitaire ?

Le fait de dériver primitivement de la servitude doit-il nous faire acquérir une terre sans condition, tandis que le censitaire sera obligé de la racheter ? N'y avait-il pas aussi des cas où les droits de mainmorte s'étaient transformés avec le temps en censives ? Abolir toutes ces redevances sans indemnité, n'était-ce pas être juste avec injustice ? On voit combien de distinctions délicates et difficiles les juristes de la constituante eurent à considérer dans cette grande œuvre de la liquidation de la féodalité. Merlin reconnaît qu'il était presque impossible d'arriver à la perfection dans une œuvre aussi compliquée : mais il ne faut pas, disait-il, que « le désespoir du mieux empêche le bien. »

Voici quels étaient les principaux droits auxquels Merlin, avec la plupart des feudistes, attribuait une origine servile ou quasi servile : les *tailles seigneuriales* (distinctes de la taille royale), appelées aussi *aides aux quatre cas* ; ce sont les droits payés par les vassaux dans les quatre circonstances suivantes : lorsque le seigneur est armé chevalier ; lors du mariage de sa fille aînée ; lorsqu'il est fait prisonnier ; lorsqu'il fait un voyage d'outre-mer. A ces quatre cas s'étaient ajoutés, comme de juste, bien des cas complémentaires : noces du seigneur, couches de sa femme, acquisition de terre, etc. Ces sortes de droits doivent-ils être considérés comme serviles ? C'était une question débattue entre les juristes. On en distinguait de deux espèces : les tailles payées par les vassaux possesseurs de terres, et les tailles payées par les habitants du territoire sans possession de fonds. Les premières se rattachaient aux droits de justice, les secondes aux droits serviles : dans les deux cas, abolition sans rachat. Venaient ensuite : le droit de *forage*, appelé aussi droit de *monéage*, droit payé aux seigneurs pour racheter leur prétendu droit d'altérer les monnaies ; quoique Merlin compte cette taxe parmi les droits serviles, elle paraîtrait plutôt se rapporter aux droits de justice, — les droits de *guet* et de *garde*, prestation personnelle qui tombait d'elle-même avec les droits pécuniaires qui la représentaient, — le droit de *pulvérage*, droit sur la poussière, etc.

Les principaux de ces droits considérés comme serviles ou quasi serviles étaient les *banalités* et les *corvées*. Les corvées étaient, on le sait, des prestations de travail gratuites que le vassal devait au seigneur pour l'entretien des routes. Les banalités consistaient dans l'usage obligatoire du moulin, du four, du pressoir seigneurial, avec interdiction de construire des moulins, des fours et des pressoirs. Mais ici de graves difficultés s'élevaient encore. Toutes les corvées, toutes les banalités devaient-elles, sans exception, être abolies sans rachat ? Beaucoup le disaient ; Merlin était d'un avis contraire. Il fallait distinguer d'abord, selon lui, entre les banalités *réelles* et les banalités *personnelles*. Pour distinguer les droits réels des droits personnels, il faut considérer, non la substance de la chose, ni la nature de la personne, mais la cause de l'obligation. Peu importe que ton paie en argent ou en travail, si le prix représente une concession de fonds ; dans ce cas, les banalités et les corvées sont de véritables propriétés pour les seigneurs, et doivent être rachetées. Quant aux banalités et corvées personnelles, il y a encore lieu à distinction : ou elles ont été extorquées par la force, ou elles sont le résultat de contrats librement consentis. Dans le premier cas, l'abolition est de droit.

Dans le second cas, nouvelle distinction : ou bien le contrat a pour objet le rachat du servage, et dans ce cas l'abolition aura lieu sans indemnité ; ou bien les banalités sont de véritables conventions, et ont été établies par le seigneur dans l'intérêt des habitants moyennant un droit de péage : un tel contrat n'a rien de contraire à la liberté naturelle. En conséquence, Merlin proposait le rachat des banalités réelles et conventionnelles. Mais comment les reconnaître ? La règle proposée était celle-ci : il faut partir du principe que la banalité (à part toute convention) est une servitude personnelle. C'est ce qui est en effet établi par une multitude de chartes d'affranchissement. Ce principe général posé, c'est au seigneur à faire la preuve des exceptions : toute banalité de laquelle on n'aura pas prouvé qu'elle est le prix d'une concession de fonds sera abolie sans rachat.

Ainsi, ni la justice, ni la mainmorte ne constituait à proprement parler la féodalité ; aucun de ces droits n'était rigoureusement au nombre des droits féodaux. Qu'étaient-ce donc que les droits féodaux ?

Les droits féodaux reposaient exclusivement sur le contrat de fief ou inféodation, lequel était censé avoir toujours été à l'origine une concession libre de fonds, faite en retour de certains services. Ces concessions étaient de deux sortes ; ou bien la terre avait été donnée à charge de service militaire, et c'était alors ce que l'on appelait un *fief*, ou bien à charge de culture et moyennant une redevance annuelle, et c'est ce qu'on appelait une *censive*. Les fiefs et les censives constituaient encore les terres nobles et les terres roturières. Les premières étaient occupées par des vassaux ; les secondes par des censitaires, qui n'étaient guère autre chose que des fermiers.

Cette troisième classe de droits, ainsi définie, constituait vraiment une propriété, et jamais l'assemblée constituante n'a eu la pensée d'y porter atteinte. Ce sont ces droits qu'elle avait déclarés rachetables dans la fameuse nuit du 4 août, et si réellement ils ont disparu dans la tourmente sans avoir été rachetés, ce n'est pas la faute de la constituante, mais des assemblées qui ont suivi. Cependant, même dans les droits féodaux proprement dits, et déclarés rachetables, il y avait encore une distinction à faire entre les droits utiles et les droits honorifiques, les premiers consistant en argent, les autres en actes de dépendance et de subordination. La constituante, en maintenant les premiers à titre de rachetables, crut devoir supprimer les seconds sans rachat, car d'une part ils ne représentaient pas une propriété, de l'autre ils étaient contraires au principe de l'égalité des citoyens que l'on voulait établir. C'est ainsi qu'était abolie la *foi-hommage*, car là où il n'y a plus de seigneur il n'y a plus d'hommage.

De cette nature étaient encore certains droits frivoles, tels que l'obligation, dans certains pays, de danser devant le seigneur, de faire un certain nombre de sauts certains jours de l'année, de porter le dais aux processions etc. : c'était là la comédie du régime féodal, et nous n'avons pas à rechercher si le fameux *droit du seigneur* en faisait partie ; Merlin n'en parle pas. Mais il y avait des droits d'une bien autre importance, qui n'étaient pas des droits pécuniaires, et qui tenaient à l'essence morale de la seigneurie, droits dont l'abolition constituait toute une révolution sociale.

Tels étaient les droits d'*aînesse* et de *masculinité*, suivant lesquels le fief devait passer de mâle en mâle par droit de primogéniture. Ces deux droits, qui n'avaient pas leur origine dans le droit ancien, tenaient essentiellement au régime féodal. Le fief, garant du service militaire pour le seigneur, d'une part ne devait pas être partagé, ni de l'autre tomber en quenouille. Il était naturel qu'il passât aux aînés et aux mâles. Or, du moment que le régime féodal était aboli, que le fief n'existait plus, que la distinction des terres nobles et des terres roturières disparaissait, ces deux principes n'avaient plus de raison d'être. Toutes les terres étant égales, le droit successoral devait être le même pour toutes. On voit comment l'abolition du régime féodal dut conduire la constituante à toucher aux lois de succession.

L'abolition de ces deux droits était si bien une conséquence de la destruction de la féodalité que plus tard, lors du grand débat sur le principe de l'égalité des partages, nul ne vint les défendre. Le parti aristocratique alors, comme aujourd'hui encore, se borna à réclamer la liberté de tester. D'autres suppressions durent suivre du même principe, et quelques-unes de la plus haute importance au point de vue du droit civil : par exemple, l'abolition du *retrait féodal* ou *censuel* et du *retrait lignager* ; ces deux droits, qui consistaient dans la faculté de rachat à perpétuité des terres vendues, étaient au nombre des servitudes qui pesaient le plus sur la propriété. De plus, les rentes féodales devenant rentes foncières et les seigneurs étant changés en simples créanciers, se trouvait rétabli par là même le droit de prescription, que le régime féodal interdisait entre le seigneur et le vassal ; de même enfin la *saisie féodale* était supprimée, et cédait la place à un simple droit d'action civile contre un débiteur.

Ainsi trois sortes de droits étaient abolis sans rachat : les droits honorifiques, les droits serviles et les droits justiciers ; restaient les droits fonciers, fiefs ou censives, présumés représentatifs d'une concession de fonds ; pour ceux-là, l'assemblée constituante décrétait en premier lieu qu'ils ne devaient être supprimés que contre rachat, et de plus qu'ils devaient continuer à être acquittés jusqu'à rachat effectif. Toute sa théorie sur la propriété féodale se résume dans cette déclaration : « L'assemblée constituante a rempli, par l'abolition du régime féodal, une des plus grandes missions dont l'avait chargée la volonté souveraine de la nation française ; mais ni la nation ni ses représentants n'ont eu la pensée d'enfreindre par là les droits sacrés de la propriété. Aussi, en même temps qu'elle a reconnu avec le plus grand éclat qu'un homme n'a jamais pu devenir propriétaire d'un autre homme, l'assemblée nationale a maintenu de la manière la plus précise tous les droits et devoirs utiles auxquels des concessions de fonds avaient donné l'être, et elle a seulement permis de les racheter. » Merlin, le grand initiateur et organisateur de tout ce système, le résumait en ces mots significatifs : « Les fiefs ont cessé d'être, et sont devenus de véritables alleux. »

L'œuvre de la constituante avait donc été une œuvre de haute et rigoureuse justice. Peut-être, dans les qualifications de tel ou tel droit particulier, y avait-il lieu à débat ; mais le principe de cette liquidation était juste et avait été accepté par les intéressés dans la nuit du 4 août. Abolition du système féodal, respect de la propriété particulière : tels étaient les deux principes de la réforme. Il pouvait y avoir eu des erreurs partielles, l'œuvre en elle-même était inattaquable. Une société ne peut pas rester éternellement sous le joug d'institutions qui ont perdu leur raison d'être. Les lois de l'histoire ont leur prix, mais elles ne peuvent prévaloir à tout jamais contre les changements nécessaires et les progrès naturels des sociétés humaines.

Malheureusement la réforme équitable décrétée par l'assemblée constituante, avec les sages garanties qui lui servaient de contrepoids, ne fut pas exécutée. Les distinctions savantes, consacrées par les jurisconsultes, furent trouvées subtiles par un peuple exaspéré, exalté et trop enivré de sa force pour se souvenir toujours de la justice. L'horreur contre la féodalité était telle que l'on ne pouvait croire qu'il y eût quelque chose de fondé dans ses prétentions. Partout le peuple refusa de payer et de racheter, et la législation révolutionnaire lui donna raison. Il faut donc reconnaître que, partie du sentiment de l'équité, la révolution s'est laissé entraîner à la confiscation.

Cependant, si c'est là une vérité qu'il est impossible de contester, certaines considérations peuvent être mises en avant, je ne dis pas pour justifier, mais pour atténuer les torts de la révolution en cette circonstance. Je ne parle pas des abus du pouvoir féodal, abus qui duraient depuis tant de siècles et qui avaient fini par tellement irriter les peuples que ceux-ci étaient devenus incapables de distinguer le juste et l'injuste en cette affaire ; mais d'autres considérations peuvent encore être invoquées pour expliquer ces graves événements.

L'assemblée constituante partait de cette idée que tout ce qui dans le régime féodal n'était ni droit honorifique, ni droit servile, ni droit justicier, devait être un droit foncier représentant une concession primitive de fonds. Or l'histoire nous apprend que tous les fiefs ou bénéfices n'ont pas toujours été à l'origine des concessions gratuites et libres, que beaucoup ont été des alleux transformés par la force des choses en fiefs. Qu'était devenue l'ancienne propriété allodiale et libre ? Elle avait été absorbée par le régime féodal dans lequel il fallait absolument trouver place pour obtenir sécurité et garantie : partout les petits alleux avaient disparu. Sans doute, la protection obtenue avait le droit de se faire payer ; mais, cette protection ayant cessé depuis longtemps, la rente devait-elle être éternelle ? Un alleu devait-il être tenu à se racheter comme un fief ou une censive ?

Dans l'impossibilité où l'on était de remonter à l'origine des concessions bénéficiaires, fallait-il les supposer partout comme la constituante, ou nulle part comme la convention ? La propriété féodale était d'une nature spéciale, aussi bien politique que sociale. Il y avait là des complications qui rendaient bien difficile toute solution, et tout au moins est-il permis de dire que parmi les biens qui furent ainsi affranchis d'un coup, un grand nombre avaient subi plutôt que reçu la protection féodale.

Une seconde considération, c'est que le système féodal formait un tel enchevêtrement que presque tout le monde était à la fois seigneur et vassal. Tout le monde payait ou recevait des rentes féodales ; Il s'ensuit que beaucoup de ceux qui étaient dépouillés comme seigneurs se retrouvaient libérés comme vassaux. Sauf les classes populaires, qui gagnaient sans perdre, et la couronne, dernier terme de l'arbre féodal, qui perdait sans rien gagner, tout le monde gagnait et perdait à la fois ; cela est si vrai que l'un des plans proposés au comité de féodalité, et que Merlin et Tronchet ont discuté très sérieusement, proposait précisément que la couronne accordât l'affranchissement aux grands vassaux, à la condition pour ceux-ci d'affranchir leurs propres vassaux et ainsi de suite. L'auteur de ce système disait « que le mieux est l'ennemi du bien. » Le mieux étant une liquidation de détail presque impossible, le bien était un affranchissement général sans distinction. Tronchet fit un rapport sur ce système et le fit rejeter comme consacrant trop d'inégalités ; mais il ne le considère pas comme indigne de discussion, et ce M en définitive celui que la force des choses a fait triompher.

En troisième lieu, l'abolition définitive des droits féodaux n'a été après tout que le dernier acte d'une révolution qui durait depuis des siècles, et qui tendait toujours à faire passer la propriété du seigneur au vassal. Le premier acte en avait été l'hérédité des bénéfices, consacrée par les traités d'Andelot et de Quercy. A partir de ce moment, le fief, au lieu d'être une concession provisoire et aléatoire, était devenu une propriété. Sans doute, cette hérédité des bénéfices avait été à l'origine une usurpation sur l'autorité royale et sur le droit des seigneurs ; mais c'était précisément cette usurpation qui avait constitué le régime féodal, et ceux-là qui se fondaient sur ce régime n'avaient guère le droit de désavouer une usurpation qui était le fondement de leur propre droit. Or le même droit qui avait fait passer les terres de la condition viagère à l'état de propriété héréditaire pouvait évidemment transformer le fief en alleu : , et c'est ce qu'a fait la révolution. En un mot, si la possession de fait avait pu conquérir l'hérédité, la possession héréditaire avait pu conquérir la propriété complète.

Pour bien comprendre l'essence de cette révolution, il faut se rappeler que ce qui constituait essentiellement la propriété féodale, c'était d'avoir deux maîtres : le seigneur et le vassal. Ce serait se faire une idée très fausse de ce contrat que l'on appelle contrat de fief que d'y voir une sorte de fermage perpétuel. Le fermier n'est à aucun degré et à aucun titre propriétaire du sol qu'il exploite ; il ne l'est que de ses capitaux. Quant à la terre, c'est un instrument qu'il utilise et dont il paie l'usage. A la vérité, si on se représentait une ferme louée à perpétuité et héréditaire, pouvant être librement aliénée par le fermier sans le consentement du propriétaire, on aurait quelque chose d'analogue à la propriété féodale, ou du moins censitaire ; mais il s'y joignait toujours une idée de dépendance personnelle.

D'ailleurs, là où il y aurait des fermes perpétuelles, on verrait bientôt se reproduire le même phénomène qu'a vu la féodalité. Le fermier finirait par se considérer comme le vrai et seul propriétaire, et avec le temps il finirait par exclure le maître. C'est ce que nous apprend l'histoire de la propriété féodale. On y distinguait deux domaines : le domaine direct et le domaine utile ; le premier appartenait au seigneur, le second au vassal. A l'origine, c'est le premier qui était le vrai propriétaire ; mais peu à peu, dans la pratique et dans la théorie, on voit le fief se transformer insensiblement. Du temps de Dumoulin, c'est encore une servitude, *servites quœdam*. Au XVIIIe siècle, c'est devenu « une propriété successive et héréditaire. » Le vassal jouit *jure suo, jure proprietatis et perpétuo*. Telle était la théorie des juristes. Il est facile de comprendre comment, franchissant une dernière barrière, cette propriété partagée et encore dépendante s'est déclarée la seule et vraie propriété.

Plus on étudie les faits, plus on se convainc de la vérité de cette pensée de Tocqueville : « La révolution n'a pas créé la petite propriété ; elle l'a libérée. » L'opinion vulgaire consiste à se représenter tous les citoyens avant 89 comme des serfs qui seraient devenus tout à coup des hommes libres et des propriétaires. Rien de semblable. Si les Français eussent été des serfs en 1789, ils n'auraient pas fait de révolution. Il n'y a pas d'exemple dans Le monde de révolutions opérées par les serfs ; c'est parce que les paysans étaient devenus propriétaires de fait qu'ils ne pouvaient plus supporter des maîtres. Comment croire que la terre qui a appartenu à mon père, qui appartiendra à mes enfants, que je nourris de mon travail, qui n'a jamais vu son maître, puisse être tenue de payer un droit à quelqu'un que je ne connais pas, en vertu d'une concession qui aurait eu lieu il y a mille ans et dont on n'a jamais vu les titres ? Mais surtout, si l'on réfléchit que sur un bien féodal il y avait huit ou dix preneurs différents, on comprend l'irritation profonde qu'éprouvait le détenteur. Il se demandait, en rongeant le frein, « pourquoi chaque propriétaire d'un fonds, si borné qu'il fût, n'en avait pas toute la propriété, et s'il n'était pas possible de simplifier la possession, de façon qu'un seul héritage n'eût pas une multitude de maîtres qui semblaient se relayer pour affliger celui qui le cultivait. »

Ajoutons une dernière considération. Nous avons vu que dans toute propriété féodale il y avait deux domaines : le domaine direct et le domaine utile. Le premier se nommait simplement *la directe*. Les théoriciens du droit féodal avaient fini par poser en principe que tout domaine devait avoir une directe ; de là cet axiome : « pas de terre sans seigneur. » tous les vassaux, à quelque degré qu'ils fussent placés, devaient donc finir par relever tous d'un seul maître, à savoir le roi. C'était la théorie de la *directe universelle*, que les jurisconsultes, plus ou moins imbus des idées romaines, avaient fait prévaloir, de manière à tirer du système féodal lui-même la consécration du pouvoir monarchique. C'était là sans doute une fiction ; mais tout était fiction dans le droit féodal. Ce droit s'était formé peu à peu et par une série d'usurpations dans un temps où il n'y avait ni pouvoirs publics, ni lois écrites, ni aucun principe juridique.

Ce régime une fois formé, les juristes avaient cherché à lui donner un état légal, et ils avaient fini par régulariser et soumettre à une sorte de droit ce qui n'avait été que le résultat du hasard des faits. Ce ne pouvait être qu'à l'aide de fictions ; mais ces fictions elles-mêmes étaient devenues des faits : elles servaient de règles à la vie civile et quotidienne de la féodalité. Quand le système politique avait changé, il avait fallu accommoder le régime des fiefs au nouveau système. De là la théorie de la directe universelle, laquelle même n'était pas historiquement tout à fait fausse, puisqu'à l'origine le roi barbare s'était cru le légitime propriétaire de tout le pays conquis, et que c'était lui qui, par des distributions de terres, avait jeté les premières bases du régime féodal. Or, cette théorie une fois admise, on pouvait se demander si le souverain, en renonçant lui-même à sa directe universelle, n'était pas autorisé à supprimer par là même toutes les directes, ne laissant subsister partout que le domaine utile.

La rançon de ce droit extrême était l'affranchissement absolu de la terre. La convention, usant du droit de Louis XIV, n'en usait qu'une dernière fois pour l'abolir, car en supprimant toutes les directes elle supprimait la sienne propre.

L'abus était monarchique et était conforme à la théorie monarchique ; mais cet abus se détruisait lui-même et ne servait qu'à établir un régime de liberté. S'il y avait là du socialisme, il venait de la tradition monarchique ; mais en invoquant le droit du socialisme monarchique, la convention coupait court à tout socialisme en établissant à jamais la propriété franche de toute espèce de droit.

C'est ce que n'ont pas compris les apologistes peu éclairés de la convention. Ils n'ont pas vu que ce qu'elle a eu de socialiste lui est venu de l'ancien régime monarchique et des vieilles traditions romaines. Comme Tocqueville l'a déjà dit, le maximum, la loi des suspects, le papier-monnaie, tout ce qu'on appelle les lois révolutionnaires, étaient les opérations habituelles de l'ancien régime. La révolution s'en est servie, mais elle ne les a pas établies. De même, pourrait-on dire, la convention a détruit la féodalité sociale par les mêmes principes et les mêmes moyens que la royauté avait détruit la féodalité politique, c'est-à-dire au nom de la souveraineté de l'état, seul propriétaire, suivant Louis XIV, comme il était le seul souverain.

Néanmoins, quelque raison que l'on puisse donner pour atténuer et expliquer les mesures de la révolution à l'égard de la féodalité, il n'en est pas moins vrai qu'il eût été plus équitable et d'une politique plus sage de transiger que de confisquer. Si l'on eût pu racheter les droits féodaux, moitié par les particuliers, moitié par les communes ou par l'état, en supposant qu'une telle opération financière eût été possible, la révolution eût peut-être suivi un autre cours. Les seigneurs, au lieu de perdre à la révolution, y eussent peut-être gagné, et ils y eussent été attachés par leurs avantages mêmes, car il ne faut pas oublier que, par beaucoup de causes, la noblesse, aussi bien que le clergé, avait aussi des raisons de désirer la révolution.

Malheureusement d'aussi grandes opérations, pour être accomplies d'une manière paisible et régulière, demandent des institutions puissantes, vivaces, respectées. L'abolition du servage en Russie est le modèle d'une grande révolution sociale accomplie sans désordre ; mais il y avait là une autorité solidement établie et unanimement acceptée. De même en France le gouvernement de Louis XIV (si les idées de ce temps l'eussent permis ou exigé) eût été seul capable de mener à bout une aussi vaste liquidation que celle de la propriété féodale, et si cette opération a eu lieu en Angleterre de nos jours, c'est encore par la même raison : c'est qu'il y avait de fortes institutions et un régime légal bien défini. Mais dans une crise où tout était à refaire, comment se serait-il trouvé assez de calme, assez de patience, assez de prévoyance, pour donner le pas à la raison sur la passion, pour faire transiger des préventions exagérées, pour comprendre qu'il y avait une partie de droit dans la vieille injustice féodale, et que même sans droit, la possession de fait est encore quelque chose de respectable !

Il est bien à regretter sans doute que des raisons si sages n'aient pas pu être comprises, et que le peuple de 1789 n'ait pas eu l'expérience des vieux politiques. Malheureusement il est des temps où les difficultés ne peuvent plus être dénouées, et ne peuvent plus être que tranchées, et c'est précisément ce qu'on appelle des révolutions.

Quoi qu'il en soit des mesures qui ont amené l'état de choses où nous vivons, ce qui ne peut être douteux pour personne, c'est la supériorité de l'état actuel sur l'état passé.

Il faut avoir devant les yeux l'artificiel et gothique échafaudage de ces droits féodaux entés les uns sur les autres, cette hiérarchie de propriétaires enchaînés et étages, pour bien comprendre la portée et les bienfaits de cet article de notre code civil, qui n'a l'air de rien, et qui est le produit le plus net de la révolution française : « les particuliers ont la libre disposition des biens qui leur appartiennent. » Une révolution dont la principale conquête a été la libre propriété n'a rien à craindre des entreprises soi-disant avancées et au fond absolument rétrogrades contre la propriété.

II

La révolution ne s'est pas contentée de toucher aux revenus des propriétaires par l'abolition des droits féodaux ; elle s'est approprié les fonds par la confiscation des biens d'émigrés et par l'aliénation des biens ecclésiastiques. Ces deux mesures sont d'une nature très différente, et nous n'avons à insister que sur la seconde, qui seule se rattache à la question de la propriété. En effet, la confiscation était une loi de l'ancien régime : c'était un droit qui appartenait au souverain. Elle a été abolie plus tard sous l'influence même des principes généreux de la révolution ;

mais, dans les premiers temps, elle a été pour la révolution une arme de guerre. C'est une mesure de combat qui ne constitue pas un principe, et que nous n'avons pas par conséquent à apprécier. D'ailleurs la question des émigrés a été liquidée par l'indemnité du milliard. La confiscation de leurs biens n'est donc plus qu'un incident historique, et non un acte de révolution sociale. Il n'en est pas de même de la vente des biens du clergé. La révolution a eu dans cette question une véritable théorie ; cette théorie a consacré un changement dont les conséquences durent encore, à savoir la transformation d'un clergé propriétaire en un clergé salarié. Quelle a été cette théorie ? C'est ce que nous avons à étudier.

N'oublions pas que primitivement la vente des biens ecclésiastiques n'a été qu'une mesure financière. L'origine de la révolution était le déficit. « La banqueroute est à nos portes, » disait Mirabeau. Pour payer les créanciers du trésor, l'assemblée constituante imagina d'aliéner ou de transformer la propriété ecclésiastique. Nous n'avons pas à apprécier la valeur de cette opération, sur laquelle nous sommes incompétent ; mais cette question d'utilité publique soulevait en même temps une question de droit : nul ne peut vendre la chose d'autrui. Si les biens du clergé lui appartenaient en propre, comment l'état aurait-il pu les vendre, même avec indemnité pour les bénéficiaires, même en transformant une propriété de fonds en un salaire perpétuel ? Ainsi la question de propriété était engagée dans le débat, et ce qui rendait ce débat plus compliqué, c'est qu'il s'agissait ici non pas d'individus, mais de corporations. Jusqu'à quel point, dans quelle mesure la propriété corporative est-elle légitime ? tel était le débat engagé. Il l'avait été déjà, on le sait, à l'époque de la réformation, lors de la sécularisation des biens ecclésiastiques. La révolution, comme la réforme, dut rencontrer ce problème : elle le trancha sans hésiter. Il n'y a plus aujourd'hui à revenir sur les résultats ; mais il est du plus haut intérêt d'étudier les raisons invoquées de part et d'autre pour bien comprendre la philosophie de la question.

On ne saurait négliger, en abordant cette étude, de relire un écrit de Turgot, publié dans l'*Encyclopédie*, et qui eut l'influence la plus décisive sur la résolution de l'assemblée constituante : c'est l'article *Fondations*. On sait de quelle autorité jouissait Turgot parmi les membres de la constituante. Il avait essayé de faire la révolution pacifiquement : il avait échoué. C'étaient ses idées qui avaient triomphé dans l'établissement du nouveau régime industriel, dans l'abolition du régime féodal; ce sont encore ses idées qui triomphèrent dans la question ecclésiastique. Ce n'est donc pas Mirabeau, ce n'est pas Talleyrand qui ont frappé la propriété ecclésiastique : c'est le sage Turgot, l'apôtre de la liberté, de la tolérance, du droit de propriété. Il n'hésitait pas à refuser ce droit aux corporations : « Les citoyens, disait-il, ont des droits sacrés » que la société doit respecter parce qu'ils existent « indépendamment d'elle, » et qu'ils en sont « les éléments » nécessaires. Mais « les corps n'existent pas par eux-mêmes ni pour eux ; » ils n'existent que « pour la société, » et ils doivent cesser d'exister « lorsqu'ils ont cessé d'être utiles. » Turgot ne se laissait pas troubler davantage par ce que l'on appelle « l'intention des fondateurs. » Il niait que « des particuliers ignorants et bornés » eussent le droit « d'enchaîner à jamais à leurs volontés capricieuses les générations qui n'existaient pas encore. » Il remarquait que le temps peut rendre une fondation inutile et même nuisible. « Les guerres de Palestine ont donné naissance à des fondations qui n'ont plus de raison d'être. L'Europe est couverte de maladreries, et il n'y a plus de lèpre. » De plus, le « zèle ne se communique pas de siècle en siècle. » Il arrive même que certaines fondations disparaissent avec le temps par suite de la diminution de l'argent : il n'y aurait pas de mal si la fondation n'était que supprimée ; mais « on diminuera les lits des malades et l'on se contentera de pourvoir à l'entretien des chapelains. » Enfin il concluait cette savante et profonde discussion par cette phrase magnifique, que Mirabeau ne s'est pas fait scrupule de s'approprier dans son discours : « Si tous les hommes qui ont vécu avaient eu un tombeau et qu'il ne restât plus de terres pour cultiver, il faudrait bien détruire ces monuments inutiles et *secouer la cendre des morts pour nourrir les vivants.* »

Ce fut le 10 octobre 1789 que l'évêque d'Autun, Talleyrand, fit son rapport sur la propriété ecclésiastique. Ce discours, tout politique, est bien plus consacré à démontrer l'utilité et l'opportunité de la mesure qu'à en prouver la justice. Il commençait par établir que « les grandes nécessités exigent de grands moyens. » Il s'adressait au dévouement du clergé, qui avait déjà consenti avec générosité à l'abandon des dîmes. L'abolition des dîmes avait elle-même pour conséquence une vaste opération sur les fonds, car il fallait compenser la perte des dîmes par les revenus des biens-fonds. Maintenant l'état a-t-il le droit de toucher aux fonds ? Ici Talleyrand faisait certaines distinctions qu'il faut avoir devant les yeux pour bien comprendre cette question complexe. Il y a trois cas distincts : les biens des communautés (couvents, confréries, etc.), : — les fondations devenues sans objet, — et enfin les bénéfices consacrés au soulagement des pauvres et à l'entretien du culte. Sur le premier point, Talleyrand soutenait que, sans avoir le droit de détruire le clergé, la nation peut supprimer certaines agrégations particulières ; or, disait-il un peu hardiment, « ce droit sur leur existence entraîne un droit sur leurs biens. » Sur le second point, il affirmait comme évident, ainsi que l'avait fait Turgot, que la nation a le droit de supprimer les bénéfices sans fonction et de faire tourner au profit de l'intérêt public le produit des biens vacants. Enfin, sur le troisième point, le plus délicat et le plus. essentiel, il disait que dans tous les actes de donation la part des bénéficiaires n'est jamais désignée que par ces termes : « ce qui est nécessaire à une honnête subsistance. » L'état, en assurant l'honnête subsistance des bénéficiaires, ne leur porte donc aucun préjudice. Restent l'intérêt des pauvres et l'intérêt du culte ; mais, si la nation s'en charge, elle aura le droit de toucher au fonds, « au moins en cas de calamité générale, » et Talleyrand affirmait, ce qui n'était guère douteux, que l'on se trouvait en tel cas. En conséquence, il proposait de s'approprier les biens des communautés en assurant à chaque religieux les moyens de subsister ; en second lieu, de s'attribuer les revenus des bénéfices sans fonction ; enfin de mettre la main sur le reste des fonds, en assurant d'une part une subsistance honnête aux bénéficiers, et de l'autre en se chargeant du soin des pauvres et de l'entretien du culte.

Quelle était la valeur économique de ce système ? Avait-il l'efficacité financière que se proposaient ses auteurs ? Des juges habiles et très compétents, M. de Lavergne, par exemple, en ont douté. Au point de vue politique, des doutes plus graves encore se sont élevés. En s'imposant le salaire du clergé, a-t-on dit, la nation ne s'est-elle pas imposé pour l'avenir de grands embarras ? N'a-t-elle pas créé par là un entrelacement des affaires ecclésiastiques et des affaires politiques qu'il sera bien difficile de débrouiller ? En croyant fonder un clergé national et libéral, n'a-t-on pas créé précisément un clergé ultramontain ? N'aurait-il pas été plus sage et en définitive plus favorable à la cause de la révolution d'opérer dès lors la séparation de l'église et de l'état, en laissant au clergé tout ou partie de ses propriétés ? Ne l'aurait-on pas par là attaché aux nouvelles institutions, au lieu d'en faire un implacable ennemi ? Ces doutes sont certainement légitimes ; cependant n'est-il pas arbitraire de supposer que le clergé, s'il fût resté propriétaire libre, ne serait pas devenu ultramontain et se fût rallié à la cause de la révolution ? Le seul fait de la sécularisation de l'état suffisait pour rendre le clergé hostile, lors même que l'on n'eût touché en rien, ce qui était impossible, à ses privilèges. La question revient donc toujours : lequel est le plus redoutable pour l'état d'un clergé propriétaire ou d'un clergé salarié ? Or je ne crois pas qu'aucun esprit vraiment politique puisse hésiter sur ce point. Mais laissons de côté la question politique pour revenir à la question sociale, celle du droit de propriété. Cette question fut abordée et traitée avec une grande force de pensée et de logique par Thouret, Tronchet, Mirabeau, d'une part, et de l'autre par Malouet et l'abbé Maury. Résumons cette mémorable discussion.

Thouret s'attacha surtout dans son discours à développer la pensée de Turgot. Il soutenait que la propriété doit être individuelle et non collective. Les individus, disait-il, existent avant la loi ; les corps n'existent que par la loi. Là était le nœud de la question. Est-il vrai que les corporations n'existent que par la loi ? L'expression est sans doute excessive ; mais ce qui paraît évident, c'est qu'une corporation qui serait indépendante de l'état deviendrait elle-même un état ; or il ne peut y avoir deux états l'un dans l'autre. Ainsi, sans soutenir que les corps n'existent que par la loi, on peut soutenir qu'ils n'existent que sous la surveillance de la loi. Thouret, avec les autres jurisconsultes de la constituante, allait très loin dans ce sens : « La destruction d'un corps, disait-il, n'est pas un homicide. » Il dénonçait les maux qui résultent de la propriété de mainmorte, qui, une fois enlevée à la circulation, n'y rentre plus. « Il faut, disait-il, des *propriétaires réels* », et les communautés ne sont que des propriétaires « factices, » toujours « mineurs, » et ne pouvant toucher qu'à l'usufruit. Ils sont « les ennemis des biens-fonds. »

Ce discours posait vigoureusement la question, mais sans développements : du moins il nous a été transmis très abrégé. C'est à Mirabeau qu'il était réservé d'exposer la question sous toutes ses faces, avec une abondance de raisons et d'arguments d'un intérêt puissant, mais souvent sophistiques. Il fit sur ce sujet deux discours dont le second ne fut pas prononcé, mais que nous possédons tous les deux. Dans le premier de ces discours, Mirabeau distinguait trois espèces de fondations : celles qui avaient été créées par les rois, celles qui étaient l'ouvrage des corps, et enfin celles des simples particuliers. Pour les premières, elles n'ont dû être faites qu'au nom de la nation : les rois ne sont que les organes des peuples, et les peuples sont les héritiers des rois. Il est évident que ces dotations royales ne pouvaient avoir pour but qu'un service public, car les rois n'avaient pas le droit d'aliéner le territoire dans un intérêt purement privé ; même ces aliénations n'ont jamais pu être absolues, le domaine étant essentiellement inaliénable : puisque la nation peut reprendre les domaines de la couronne, pourquoi ne reprendrait-elle pas ceux du clergé ? voilà donc une première classe de fondations où le droit de la couronne ne fait pas question ; or, suivant Mirabeau, c'étaient les plus nombreuses. Quant à la seconde classe, à savoir celles qui ont été fondées par les corps, Mirabeau présentait un argument spécieux et assez hasardé. Il prétendait que, la dépense du culte et la bienfaisance publique étant le droit et le devoir de l'état, les corps qui avaient créé des fondations n'avaient fait autre chose que payer leur portion de la dépense commune, et « acquitter leur contingent d'une dette nationale. » Leur piété avait « devancé » l'œuvre de la nation, mais n'avait pu priver celle-ci de son droit ; par ces raisons, Mirabeau concluait que l'état pouvait sans scrupule s'approprier ces sortes de fondations. Restaient celles des particuliers : ici la question était bien plus délicate, et Mirabeau n'arrivait à son but qu'à l'aide de principes, rejetés aujourd'hui par tous les esprits libéraux et que l'on appellerait socialistes, si ces principes n'avaient été ceux de l'ancien régime tout entier, ceux de la royauté et des juristes, à savoir que c'est l'état qui fonde seul la propriété. Qu'est-ce que le droit de propriété ? disait Mirabeau. « C'est ce droit que *tous ont donné à un seul* de posséder *exclusivement* une chose à laquelle tous, dans l'état naturel, *avaient un droit égal* : c'est un bien acquis *en vertu des lois.* » Il insistait en disant : « C'est la loi seule qui constitue la propriété. Il n'y a que la volonté publique qui puisse opérer la renonciation de tous et donner un titre connu, un garant à la puissance d'un seul. »

En dehors de la loi, il n'y a donc qu'une possession physique, matérielle ; mais il n'y a pas de propriété civile. Or il n'existe pas de loi qui ait constitué le clergé propriétaire. De là deux conséquences : la première, c'est que les fondateurs des donations ont dû prévoir la possibilité d'une destruction du clergé comme corps ; la seconde, que le clergé a dû lui-même prévoir cette possibilité. Ils n'ont donc pu, les uns donner, les autres recevoir, que sous la réserve d'une reprise possible par la nation. Si l'on n'admettait pas ces principes, les décrets sur les privilèges et les droits féodaux seraient infirmés, disait Mirabeau, car c'étaient des propriétés au même titre que les fondations. C'était là, à ce qu'il nous semble, aller beaucoup trop loin et confondre des questions distinctes. En abolissant les droits féodaux, au contraire, les jurisconsultes avaient essayé de faire une distinction nette entre ce qui était propriété et ce qui ne l'était pas ; ils ne s'étaient pas appuyés sur ce principe abstrait et glissant, à savoir que la propriété civile n'existe que par la loi : ils avaient simplement nié que les droits représentatifs de la souveraineté ou de la servitude fassent des propriétés ; Ce n'était donc pas appliquer les mêmes principes que de partir du droit absolu de l'état, qui serait par là autorisé à réviser et par suite à supprimer toute propriété quelle qu'elle fût. Mirabeau se rapprochait de la question en disant que l'état avait le droit de reconnaître le clergé comme *corps* ou comme *ordre*, quoiqu'ici encore on puisse dire que ces deux conceptions ne sont pas identiques, car les ordres ont rapport à l'organisation politique, les corps à l'organisation sociale. Enfin, arrivant au vrai nœud du problème, il disait que le clergé, bien loin d'être propriétaire, n'était pas même usufruitier, car il ne pouvait pas consommer les fruits. Il n'était que « dispensateur. »

On remarquera dans la dernière partie de ce discours combien la révolution était encore loin de se rendre compte de son vrai principe en matière de religion, à savoir le principe de la sécularisation de l'état. Mirabeau s'appuyait au contraire sur la confusion des puissances. Il substituait l'état à l'église, au lieu de distinguer l'un de l'autre. L'état ayant, disait-il, la nomination des bénéfices, comment contester son droit de propriété ? Il prétendait que les églises et les autels appartenaient à l'état au même titre que les vaisseaux et les casernes. Jamais l'armée ne s'est partagé les territoires conquis. Il ajoutait que « les pauvres eux-mêmes appartenaient à l'état, » et, remarquant que toutes les classes de la société fournissaient des membres au sacerdoce, il concluait que ce qui appartenait au clergé, appartenait à tous. Il invoquait encore un argument passablement sophistique en disant que, si le clergé n'avait pas de revenus, l'état serait obligé d'y suppléer : « Or un bien qui ne nous sert qu'à payer nos dettes est à nous. » En conséquence, toute nation est seule et véritable propriétaire des biens de son clergé.

Cette proposition, qui servait de conclusion au premier discours, est le début du second, celui que Mirabeau n'a pas prononcé. Mais il y abordait bientôt un point nouveau et délicat qui n'avait pas encore été touché : que faire de ces biens enlevés au clergé ? à qui appartiennent-ils réellement ? à qui doivent-ils revenir ? C'était là le nœud de la question, car, de ce que tel bien n'est pas à moi, s'ensuit-il qu'il soit à vous ? L'état prétendait que les biens en question, n'appartenant pas au clergé, devaient lui appartenir à lui-même. Une telle conclusion n'était pas contenue dans les prémisses. Il fallait la démontrer : c'est ce que Mirabeau essaie de faire dans son second discours. Il semble d'abord que les biens devaient revenir aux fondateurs : ce n'est qu'à défaut de ceux-ci que l'état peut les réclamer comme héritage vacant ; mais Mirabeau affirmait que ces biens avaient été donnés à titre irrévocable, sans clause de réversibilité. Ils ont été affectés à un service, c'est à ce service qu'ils appartiennent, et par conséquent à ceux qui ont la charge de ce service, c'est-à-dire à la nation. Dira-t-on que ces biens, cessant d'appartenir au clergé comme corps, doivent revenir aux individus qui composent ce corps ? Ce serait une grave erreur ; jamais les individus ecclésiastiques n'ont été, à titre d'individus, propriétaires des biens qu'ils administraient ;

c'est le corps abstrait du clergé et non la collection des individus qui avait la jouissance, c'est cette personne abstraite qui ne peut exister que par la loi, et qui peut être détruite par elle. Or, une fois cette personne détruite, les individus qui la composaient ne peuvent en hériter, car ce n'est pas à eux que la donation a été faite. Les biens, ne pouvant aller ni aux fondateurs ni aux membres individuels du clergé, ne peuvent que faire retour à l'état, seul en mesure de se substituer à la personnalité morale du clergé pour satisfaire au service que les fondations avaient pour but d'assurer, à savoir l'éducation, l'assistance des pauvres et l'entretien du culte.

Nous venons d'analyser les principaux discours prononcés dans l'assemblée constituante en faveur de l'aliénation des biens du clergé ; résumons maintenant les discours contraires. Les principaux orateurs en ce sens furent Malouet et l'abbé Maury. Ces discours sont la contre-partie des précédents. Le discours de Malouet a la même gravité, la même solidité que celui de Thouret ; les discours de l'abbé Maury paraissent presque aussi pressants, presque aussi habiles, que ceux de Mirabeau, et souvent aussi, comme ceux-ci, ils ont un côté sophistique.

Malouet se place à un point de vue nouveau. Il ne s'agit pas pour lui de propriété, mais de « possession. » Dans le fait, la propriété ecclésiastique appartient collectivement au culte et aux pauvres ; mais ce qui appartient au bénéficiaire, c'est la possession. Le clergé ne réclame pas le droit d'aliéner ; mais le droit de disposer est aussi une propriété. On invoque pour prouver le droit de l'état l'édit de 1749 qui restreignait les fondations ecclésiastiques ; mais « l'incapacité d'acquérir n'est pas celle de posséder. » On fait valoir la destruction du clergé, comme ordre politique ; mais les dotations n'ont pas été faites au clergé comme ordre politique ; elles sont pour la plupart des dotations distinctes pour certains services déterminés ; or ces services n'ont pas disparu, et c'est aux ministres du culte que les fondateurs ont voulu en confier le soin. On invoque des arguments contradictoires : tantôt on dit que le clergé comme corps n'a pas le droit de posséder ; tantôt qu'il ne doit plus posséder parce qu'il n'est plus un corps. La possession est un fait ; à ce titre elle est sous la sauvegarde de la nation, comme les autres propriétés. Dans un mouvement de touchante éloquence, Malouet demandait s'il était généreux, après avoir adjuré au nom du Dieu de paix les membres du clergé à se réunir au tiers, de les renvoyer dépouillés de leurs biens par un décret auquel ils n'auraient pas consenti. Il ajoutait que l'opération proposée dépassait les pouvoirs de l'assemblée nationale et qu'il ne croyait pas qu'une telle mesure fût approuvée parla majorité des citoyens. Il ne se refusait pas à quelques mesures nécessaires : dédoubler les riches bénéfices accumulés sur une seule tête, supprimer les abbayes à mesure des vacances, réduire le nombre des évêchés, des monastères, etc. ; mais l'aliénation générale lui paraissait à la fois injuste et inutile.

L'abbé Maury, comme Malouet, invoquait contre la mesure proposée le silence des cahiers. On sait que les états-généraux avaient été nommés sous l'empire du mandat impératif. Or dans aucun cahier on n'avait demandé ni prévu la vente des biens ecclésiastiques. Maury avouait cependant que « des besoins imprévus ont pu exiger un regard momentané sur le trésor public ; » singulière assertion, on l'avouera, car on sait assez que c'était le déficit des finances qui avait contraint le gouvernement à convoquer la nation. Passant à la question en elle-même, l'orateur de la droite trouvait qu'il y avait un défaut de logique à trancher l'existence politique du clergé avant d'avoir décidé la religion de l'état ; c'était en outre, disait encore Maury, une contradiction de présenter la dette de l'état comme une propriété sacrée, et en même temps de sacrifier la propriété du clergé. Au fond, que veut-on ? Remplacer les capitalistes par les bénéficiera, et réciproquement. En quoi l'intérêt des uns est-il supérieur à l'intérêt des autres ? Que l'on n'oublie pas les services rendus par les ordres religieux, par l'église. Est-il juste, est-il rationnel de décider de l'existence d'un corps par une loi de finance ?

Il y avait beaucoup de vérité dans quelques-unes de ces observations ; mais l'esprit faux de l'abbé Maury l'entraînait bientôt hors du bon sens et de l'intérêt même de sa cause, car au lieu de défendre les clients dont il était l'interprète légitime, il s'avisait de récriminer contre les créanciers de l'état, qui rendaient une telle opération nécessaire. Il déclamait contre la bourse et contre les juifs. Il se plaignait que « pour enrichir des spéculateurs » (c'est ainsi qu'il appelait l'acte de payer ses dettes) on dépouillât le clergé de ses biens héréditaires. Ces plaintes contre les spéculateurs allaient jusqu'à des invectives, où l'on croirait entendre la voix des démagogues de qu'il dénonçait ce qu'il appelait « le portefeuille, » d'où, disait-il, « dégouttent les sueurs, les larmes et le sang du peuple. » Persistant à faire porter le débat sur cette comparaison imprudente entre les créanciers et le clergé, il disait : « Choisissez entre ces *sangsues* et nous. » Il dénonçait le crédit public comme « une vaste calamité et le plus terrible fléau. » En entendant de telles erreurs, de telles déclamations de la part des classes dites les plus éclairées de la société, comment s'étonner que les révolutionnaires, organes des passions populaires, aient commis tant de monstruosités économiques ? On voit aussi que les accusations vagues, les soupçons contre la richesse et le capital ne sont pas venus toujours ni d'abord du côté gauche. Enfin, ce qui témoigne de la confusion des idées à cette époque, c'est que le triste Marat, dans son journal l'*Ami du peuple*, soutenait le même thème que l'abbé Maury, et comme lui accusait l'assemblée, en prenant les biens du clergé, de ravir le bien des pauvres.

Maury était plus heureusement inspiré lorsqu'il essayait de montrer la connexion de toutes les propriétés. « Les nôtres, disait-il éloquemment, garantissent les vôtres ; nous sommes attaqués aujourd'hui, vous le serez demain. » Pour prouver le droit de propriété du clergé, il disait que « le clergé n'avait usurpé la possession de personne. » Ces biens sont à nous « parce que nous les avons acquis ou qu'on nous les a donnés. » L'édit même de 1749 que l'on invoque, et qui interdisait de nouvelles acquisitions, avait consacré par là même celles qui avaient été faites antérieurement. Ces biens n'ont pas été donnés au clergé en général, mais à telle église, à telle abbaye. Ils n'ont pas été donnés par la nation, il n'y a pas de raison pour qu'ils reviennent à la nation. D'ailleurs comment pourrait-on remonter à cette institution primitive ? Ne serait-ce pas encourager « toutes les insurrections de la loi agraire ? » Invoquant le même principe et l'appliquant à toutes les propriétés, le peuple demandera à entrer en partage de tous les biens. « Il dira aussi qu'il est la nation. » Les rois n'ont pas donné la vingtième partie de ces biens ; mais, eussent-ils tout donné, ils ont donné ce « titre irrévocable. » Les bénéfices militaires seraient aussi menacés que les bénéfices ecclésiastiques, et les biens de la noblesse n'auraient pas plus de sécurité que ceux du clergé. Un seigneur de village pourrait-il payer ses dettes avec le produit de la cure dotée par lui ? D'ailleurs, suivant Maury, l'opération financière est chimérique ; l'administration absorbe les revenus : on l'a bien vu lors de la suppression des jésuites.

Maury combattait encore l'idée d'un salaire ecclésiastique, qu'il considérait comme « avilissant. » Il prétendait que l'avidité mettrait ces fonctions au « rabais, » prédiction que l'avenir n'a nullement réalisée. Il donnait une singulière raison en faveur de la charité par le clergé, c'est que l'aumône rend le peuple docile : « Comment le contenir, demandait-il, si l'on n'a pas la faculté de l'assister ? » La charité ecclésiastique tient lieu d'un impôt immense ; elle est une garantie contre le brigandage : « Qui osera voyager dans les campagnes, si l'aumône ne forme pas une sorte d'assurance patriotique ? » Enfin, développant le mot célèbre de Sieyès : « ils veulent être libres et ne savent pas être justes, » Maury terminait en disant : « vous voulez être libres ; or sans propriété point de liberté. La liberté même n'est que la première des propriétés. »

Ce premier discours de l'abbé Maury, plus spécieux que solide, rempli d'idées fausses et bizarres, mettait cependant le doigt sur l'un des points vifs du problème : pouvait-on toucher à la propriété du clergé sans ébranler le principe de la propriété en général ? Mais l'orateur ne voyait pas ou ne voulait pas voir que la question était plus resserrée, et qu'il s'agissait précisément de savoir si les biens du clergé étaient une propriété. Il ne touchait même pas au point délicat, à savoir si une abstraction peut posséder, si le clergé est un propriétaire réel. Thouret, nous l'avons vu, porta le débat sur ce terrain, et ce fut pour lui répondre que Maury prononça son second discours.

Suivant Maury, la distinction entre les individus et les corps est une inutilité. L'individu serait, dit-on, antérieur à la loi et existerait par lui-même, tandis que les corps n'existent que par la loi. C'est là une chimère ; le droit de propriété, pour les individus aussi bien que pour les corps, n'existe que par la loi : concession grave qui n'esquivait la thèse de Thouret que pour tomber dans celle de Mirabeau, car, si la loi a fait la propriété, elle peut la défaire, et ce que l'on demandait précisément, c'était de faire une loi nouvelle qui eût abrogé la loi antérieure. On avait dit que détruire un corps n'est pas un homicide ; Maury répond que l'existence est la vie morale des corps : la leur ôter, c'est être homicide. La propriété du clergé est antérieure à la royauté elle-même. « Nous possédions nos biens avant Clovis. » Les formalités auxquelles cette propriété est assujettie ne prouvent rien contre elle, car toutes les propriétés, quelles qu'elles soient, subissent des formalités semblables. Quel droit invoquera-t-on contre nous ? Est-ce le droit d'épaves, ou le droit de confiscation ? On a consacré la propriété des fiefs : et cependant ce sont aussi à l'origine les donations des rois.

D'autres orateurs prirent encore part au débat ; Barnave, Chapelier, Dupont de Nemours, Montlosier. Ce sont toujours à peu près les mêmes arguments : quelques-uns cependant sont à remarquer. Montlosier, par exemple, soutenait que les vrais propriétaires n'étaient ni le clergé, ni l'état, mais « les institutions auxquelles les biens avaient été donnés. » Il reconnaissait que l'état a le droit de disposer de ces biens, « non par droit de propriété, mais par droit de souveraineté. » Un membre du clergé, l'abbé Dillon, parlant contre son ordre, disait : « Il ne faut pas considérer si nous sommes propriétaires, mais que notre devoir serait de renoncer à cette propriété quand même elle serait établie. » Un autre membre du clergé affirmait que « l'acte fondamental du propriétaire, c'est la possession, » et faisait observer que le clergé avait toujours été appelé dans toutes les assemblées nationales à titre de propriétaire. Barnave, Chapelier, Tronchet, montraient que les traits caractéristiques du propriétaire, à savoir le droit d'aliéner, le droit d'user et d'abuser, le droit de consommer les fruits, faisaient ici défaut. « Comment serait-il propriétaire, n'étant pas même usufruitier ? » L'abbé Grégoire, ouvrant un avis mixte, et soutenant que la propriété de ces biens n'appartient pas plus à l'état qu'au clergé, demandait que les biens revinssent aux familles des donateurs ou aux provinces. Enfin un député inconnu, Chasset, donnait un argument naïf et inattendu, qui était néanmoins le vrai mot de la situation : « Les biens du clergé, disait-il, appartiennent aux pauvres. Or l'état est pauvre. Donc ils appartiennent à l'état. »

Telle fut cette discussion mémorable, l'une des plus savantes et les plus profondes qui aient été consacrées à cette question si souvent controversée. Il faut reconnaître que dans cette circonstance, comme dans la plupart des affaires humaines, les raisons philosophiques ont été peu de chose dans la décision : l'intérêt politique et la force des partis ont fait pencher la balance. Cependant, pour le philosophe qui étudie les choses non pas au point de vue de l'histoire et des faits, mais au point de vue du droit et de la justice, rien de plus intéressant que ce plaidoyer des esprits les plus éclairés dans le siècle le plus éclairé qu'on eût jamais vu. Jamais l'esprit humain n'avait creusé avec autant de force et de hardiesse jusqu'aux racines des institutions humaines ; jamais une société n'avait aussi largement exploré le domaine du droit et de la justice. On trouvera peut-être, comme l'abbé Maury, que c'était là bien de la métaphysique pour une question toute politique ; mais l'on peut répondre avec Mirabeau que, « lorsque l'objet d'une discussion est métaphysique, il faut bien l'être soi-même, ou se trouver hors de son sujet. »

La vérité est que ce problème était un problème de métaphysique, et plus encore que ne le croyait Mirabeau, car c'était au fond le problème des réalistes et des nominaux. Quelle était la doctrine soutenue par les partisans du clergé ? C'est que le clergé, comme corps, est propriétaire. Mais que faut-il entendre par là ? Un corps est-il simplement une collection d'individus ? Est-ce à titre de tout collectif que le clergé possédait ? Non sans doute, car c'eût été admettre que chaque individu avait droit, en tant qu'individu, à sa quote-part de la propriété du tout : or c'est ce que personne ne soutenait. Personne en effet ne pensait qu'en cas de dissolution de la société ecclésiastique, la propriété commune dût être partagée entre les associés : personne des membres du clergé ne se prétendait individuellement copropriétaire du tout. C'était le clergé en général, en tant qu'unité abstraite, en tant que personne morale, et non en tant que collection, qui réclamait le droit de propriété. Or, comme ce qui n'existe pas ne peut pas être propriétaire, c'était donc admettre la réalité des êtres généraux, et, selon l'expression scolastique des universaux, que de soutenir la propriété indivise, incommutable des biens ecclésiastiques. Voilà ce qu'impliquait la thèse du côté droit ; il reconnaissait implicitement l'existence d'une substance abstraite et générale, appelée clergé, dont les ecclésiastiques n'étaient que les modifications transitoires et individuelles.

Les adversaires des biens ecclésiastiques soutenaient au contraire comme Aristote que l'individu est la seule substance, et que par conséquent il est le seul propriétaire réel. Les hommes seuls peuvent être propriétaires, et les seuls hommes que nous connaissions sont les individus. Hors de la propriété individuelle, il n'y a que convention et fiction légale, parce que hors de l'individu il n'y a qu'abstraction. Cette théorie n'était nullement exclusive, comme on pourrait le croire, du droit d'association, car les individus peuvent se réunir et former un tout par leur réunion ; mais alors ce n'est qu'une collection d'individus et non une substance abstraite différente de chacun d'eux, et dans laquelle ils seraient absorbés. Dans ces associations, chaque associé est propriétaire pour sa propre part, et reçoit un dividende en proportion de sa mise ; c'est ce qui a lieu par exemple dans les sociétés par actions : ce n'est, à vrai dire, qu'une extension de la propriété individuelle ; il y a là encore des propriétaires réels. Il n'en est pas de même lorsque la corporation est considérée comme un tout indivis dont les individus ne sont plus membres, mais sujets : on ne peut alors trouver la substance à laquelle appartient la propriété ; cette substance n'est qu'une abstraction. Or la société ne peut traiter avec des abstractions : si elle consent à les considérer comme des personnes, c'est une fiction légale qui n'a de valeur qu'autant que l'état n'y voit pas d'inconvénients, et sur laquelle il est toujours permis de revenir.

Pour bien comprendre cette théorie, il faut creuser plus avant et remonter jusqu'à la logique. On y distingue deux espèces de tout : le tout collectif et le tout général, et de là deux espèces d'idées, l'idée collective et l'idée générale. Autre chose est un tout collectif, une armée par exemple ; autre chose un tout général, le soldat, l'homme. Une armée est un composé de substances réelles : c'est une somme d'individus ; le soldat, au contraire, est une abstraction, l'homme est une abstraction. De même, le clergé, en tant que composé de prêtres, est une substance réelle, puisqu'il se ramène à des substances réelles ; mais le clergé en soi, indépendamment des membres qui le composent, n'est qu'une abstraction. Or, c'était le clergé en soi qui était considéré comme propriétaire, et non la collection des ecclésiastiques : autrement, chacun aurait eu sa part, et aurait pu la retirer s'il l'eût voulu, ce que personne ne croyait ni ne soutenait. Il fallait donc croire à la réalité du clergé en soi, autrement on aurait soutenu le droit d'un être qui n'existait pas. Ainsi les défenseurs du clergé étaient, dans cette circonstance, sans s'en douter le moins du monde, inspirés par les principes du réalisme scolastique.

Si l'on pénètre plus avant dans cette sphère, on verra que l'abstraction allait beaucoup plus loin encore et supposait un raffinement de métaphysique qui ne peut se justifier qu'au point de vue de la spéculation la plus hardie. En effet, le clergé même, en tant que personne morale et substance abstraite, eût-on fait la part la plus large au réalisme de Guillaume de Champeaux, n'était pas encore le vrai propriétaire : il n'était réellement qu'administrateur. Les adversaires étaient irréfutables quand ils avançaient que le caractère distinctif de la propriété faisait ici défaut : le clergé n'avait pas le droit d'user et d'abuser ; il était si peu propriétaire qu'il n'était pas même usufruitier, car il ne pouvait pas consommer les fruits ; Il n'était pas plus propriétaire de ses fonds que l'état ne l'est du budget. En réalité, son rôle se bornait à celui d'un exécuteur testamentaire dont les services sont évalués et rémunérés par une part sur la succession, sans qu'il soit pour cela héritier. Où donc était alors le vrai propriétaire ? Les fondations avaient deux buts : l'entretien du culte et le soulagement des pauvres. Considérons d'abord ceux-ci : seraient-ce les pauvres qui seraient, comme le disait Malouet, les propriétaires cherchés ? Ici au moins nous aurions des propriétaires réels. Il eût fallu alors transférer la propriété aux pauvres et la leur donner au moins à titre d'usufruit (car il fallait réserver les droits des pauvres futurs). Or personne n'eût admis une telle conséquence, et elle était évidemment en dehors des prévisions des donateurs. Je vous donne de l'argent pour le distribuer aux pauvres : les pauvres n'en deviennent pas par là propriétaires ; ils n'ont même aucun droit légal de réclamer cet argent. Entre mille raisons, la plus frappante, c'est que les pauvres ne constituent pas une classe sociale reconnue, déterminée ; si je n'admets pas la réalité de l'être abstrait appelé clergé, à plus forte raison nierai-je celle de cet être abstrait appelé les pauvres. Si nous considérons maintenant l'autre objet des donations, à savoir l'entretien du culte, nous trouverons qu'il se ramène à deux points : le matériel et le personnel ecclésiastique. Or, pour ce qui est du matériel, il n'est personne qui soutienne qu'une donation puisse être faite à des objets matériels. Les pierres d'un temple ne peuvent être propriétaires. Les *choses* sont l'objet et non le sujet de la propriété. Restent les personnes ecclésiastiques. Nous retrouvons ici le clergé à un autre point de vue que tout à l'heure. Il reçoit d'abord des donateurs le tout en qualité de biens à administrer ; puis il s'attribue à lui-même une partie du tout, en tant que subsistance honnête ; mais ni à l'un ni à l'autre de ces points de vue il n'est propriétaire dans le sens strict, car d'une part il n'est qu'administrateur, et de l'autre il n'est que subventionné. Il reçoit sa part comme les pauvres reçoivent la leur ; il n'a donc pas plus droit que les pauvres eux-mêmes à s'approprier le fonds ; il n'est pas même propriétaire de la part des fruits qu'il reçoit, car c'est un salaire et non un usufruit.

Ainsi, de quelque côté qu'on se tourne, on ne trouve pas de propriétaires réels, de substances ayant un titre effectif à la propriété. C'est qu'en réalité les dons des fondateurs n'ont été attribués à personne en particulier ; ils ont été confiés à un corps, comme fidéicommis, pour la réalisation d'une idée. Si l'on voulait parler rigoureusement, on dirait que c'est cette *idée* qui est propriétaire. Les biens n'appartiennent ni à l'état, ni au clergé, ni aux pauvres ; ils appartiennent à « l'entretien » du culte et au « soulagement » des pauvres. Ce sont ces deux objets purement idéaux qui, seuls, ont le droit de réclamer ces biens comme leur appartenant ; or ce ne sont pas là deux substances, ce sont deux idées. Hegel triompherait ici, et prouverait par là combien il est vrai que l'idée est la seule réalité, car on ne peut pas trouver de propriétaire, et cependant il y a une propriété. Cette propriété n'appartient à aucune substance, pas même à une substance universelle appelée clergé ; elle appartient à une abstraction, à savoir que le culte doit subsister et être entretenu ; et que les pauvres doivent être soulagés. Les vrais propriétaires, dans cette supposition, ce seraient les idées de Platon, qui ne seraient même plus des substances, mais des essences, des rapports, des attributs, voire des négations, car on pourrait concevoir des fondations « nihilistes » aussi bien que des fondations religieuses ou de bienfaisance.

On voit à quelle profondeur de métaphysique il faudrait pénétrer pour trouver le fondement de la propriété ecclésiastique. Descendant de ces hauteurs, nous demanderons maintenant si la loi peut connaître de pareils contractants dans la société. Peut-elle être liée par une idée pure, négocier avec elle, la soumettre aux tribunaux, en un mot, la faire entrer dans le code concret qui constitue une société civile ? La loi ne peut traiter qu'avec des hommes, elle ne peut faire de conventions que pour des hommes. Les choses ne peuvent être appropriées que par des personnes. La révolution française, en combattant et en abolissant la propriété de mainmorte, travaillait en faveur de la propriété individuelle. Tel est le sens de la lutte contre les biens de corporation aussi bien que contre les droits féodaux. Faire que les biens passent des individus aux individus, et ne s'immobilisent pas d'une manière impersonnelle, voilà ce qu'elle a voulu, et cette entreprise est exactement le contraire du communisme. Qu'elle ait agi en cette circonstance avec prudence et modération, qu'elle ait suffisamment tenu compte des droits du passé, des faits acquis, des antiques précédents, on ne le soutiendra pas, et c'est en cela qu'elle est une révolution ; mais que la direction philosophique de ses travaux ait été dans le sens de la propriété et non dans le sens du communisme, c'est ce qui résulte manifestement des considérations précédentes, — car, s'il y a une doctrine qui conduise droit au communisme, c'est précisément la théorie de la mainmorte. Une propriété qui n'est jamais à personne en particulier et qui passe de main en main au service des pauvres, c'est l'idéal communiste lui-même. Au fond, la propriété de mainmorte c'est la non-propriété. La révolution, en la supprimant, ou du moins en la soumettant à la loi, a refoulé un communisme séculaire, bien loin de travailler à un communisme nouveau.

N'oublions pas du reste qu'il y avait encore dans cette question un autre principe engagé et que nous allons retrouver dans une autre discussion, à savoir le droit des fondateurs, en d'autres termes le droit de disposer ou la liberté de tester. Nous touchons ici à la propriété dans la famille.

III

Ce ne fut pas par hasard ni arbitrairement et par un désir exagéré de réformes que la constituante fut réduite à s'occuper des lois successorales. On ne peut ici lui faire le reproche qui lui a été souvent adressé d'avoir voulu construire une société *a priori* pour satisfaire un besoin d'idéal philosophique. Ce n'est pas ainsi que les choses se sont passées. La constituante est partie d'une nécessité qui s'imposait d'elle-même aux nouveaux législateurs, à savoir l'abolition du régime féodal. Ce régime gothique, issu de la société du moyen âge, était devenu en désaccord avec tous les faits sociaux. Comment un régime réel de l'anarchie et de l'état de guerre eût-il pu convenir à une société laborieuse, industrieuse, commerçante, pacifique, lettrée ? Un ordre social tout nouveau s'était formé peu à peu par le progrès naturel de la civilisation. Les institutions féodales subsistant encore étaient devenues, pour la société vraie et toute neuve qui s'était développée en dehors d'elles et au-dessous d'elles, des entraves intolérables. Il fallait s'en débarrasser. La révolution le fit, comme nous l'avons vu ; mais ce grand changement en appelait d'autres. En supprimant les formes de la société du moyen âge, il fallait les remplacer, et des questions nouvelles se posaient nécessairement. Parmi les droits liés à la féodalité, deux droits essentiels qui touchaient à la constitution de la famille, le droit d'aînesse et le droit de masculinité, avaient été abolis. Ces deux droits abolis, quels principes régleraient la succession des biens dans la famille ? Deux systèmes étaient en présence : l'un qui régnait dans les pays de droit écrit, c'est-à-dire soumis au droit romain, à savoir la liberté de tester, le droit du père de famille ; l'autre qui régnait dans les pays de droit coutumier et se cumulait avec le droit d'aînesse, à savoir le principe du partage égal, — car il ne faut pas oublier que le principe du partage égal n'est nullement une invention spéculative de la révolution, une institution *a priori*, c'est une loi historique qui préexistait depuis des siècles et qu'il s'agissait tout simplement de généraliser en excluant les majorats et les privilèges héréditaires, et, ce qui était une conséquence nécessaire, en limitant le pouvoir paternel. Nos lois successorales ne sont donc pas nées, encore une fois, de l'arbitraire des législateurs, de la théorie des philosophes, d'un besoin systématique et spéculatif ; elles ont été la conséquence logique et nécessaire des faits. Ceux qui interprètent la révolution autrement sont dupes de l'apparence et de la forme extérieure : c'est la forme au XVIIIe siècle qui est abstraite et théorique, c'était un des besoins du temps de généraliser et de réduire en principes et en maximes les nécessités sociales que la suite du temps avait amenées. Prenez la déclaration des droits qu'on a tant accusée d'être une théorie métaphysique, vous verrez qu'il n'est pas une de ces maximes abstraites qui soit autre chose que la pure et simple expression des faits sociaux, amenés par le progrès inévitable de la civilisation. Que l'on ait donné à ces faits une expression trop tranchante et trop absolue, cela est possible, quoique cela même eût sa raison ; mais encore une fois, c'est là une affaire de forme plus que de fond. Ce que nous disons ici est particulièrement vrai des lois successorales actuelles, dont la solidité inébranlable vient précisément de ce qu'elles ont été non-seulement l'expression du droit et de la justice, mais encore la conséquence inévitable de l'histoire et du passé.

L'assemblée constituante eut donc à décider entre les deux systèmes déjà signalés : d'une part la liberté de tester, recommandée par la tradition romaine, et à laquelle se rattachait le parti aristocratique, qui y voyait un moyen de reconquérir ses privilèges ; de l'autre le système du partage égal, soutenu par les défenseurs de la révolution. La liberté de tester était défendue par Cazales, et combattue par

Mirabeau et par Robespierre : le système intermédiaire qui a prévalu eut pour défenseurs Tronchet, et plus tard, au conseil d'état, Portalis.

Nous ne fatiguerons pas le lecteur par l'analyse de ces discours, qui sont très connus et que l'on peut trouver facilement ; contentons-nous de dégager du débat, comme nous l'avons fait pour la question précédente, les principes philosophiques en présence : de part et d'autre en effet il y a un droit à invoquer, et la conciliation de ces deux droits est un des problèmes les plus graves que le législateur ait à résoudre.

D'une part, il semble bien que le droit de disposer soit la conséquence légitime et logique du droit de propriété. Qu'est-ce qu'avoir une chose en propre, que devient le droit de s'en servir, le droit d'user et d'abuser, c'est-à-dire d'utiliser et de consommer, si l'on ne peut en faire l'usage que l'on désire, et la transmettre à qui l'on veut, particulièrement aux objets de nos affections ? Or, si je puis, comme il est évident, user de ce droit pour le présent, par vente, prêt ou donation, comment ne le pourrais-je pas pour l'avenir ? Si ma volonté actuelle ne prévaut pas après ma mort, nulle volonté d'avenir n'est possible, car qui me prouve que je ne mourrai pas demain, aujourd'hui, tout à l'heure ? Si l'on veut distinguer entre disposer en cas de vie et disposer en cas de mort, cette distinction est insignifiante : comme le disait Portalis, c'est quand on est vivant qu'on dispose. Il est inutile d'invoquer ici, comme le croyait Leibniz, le dogme de l'immortalité de l'âme, car ce n'est pas le mort qui reste propriétaire, puisqu'il s'agit de transmettre : ce droit ne peut se tirer que de la vie et non de la mort. D'ailleurs quoi de moins rationnel que de supposer l'âme, après la mort et dans un autre monde, stipulant pour celui-ci ? Il n'y a pas de législateur, si croyant qu'il soit, qui consentirait à traiter avec des morts, fussent-ils en paradis, à plus forte raison en enfer.

En second lieu, il faut bien admettre que les premiers venus ont sur la terre un certain droit de priorité qui naît de la nature des choses, et ce droit est bien compensé d'ailleurs, et au-delà, par la somme d'épreuves que les premiers ont eu à subir, et qui nous sont épargnées. Il faut qu'il y ait des premiers : c'est là une sorte d'avantage ; mais on n'y peut rien faire. Il faut en prendre son parti. Il en est de même, et plus encore, dans tordre littéraire et poétique. Les grands poètes grecs, Homère et Sophocle, ont pris le dessus du panier et ne nous ont laissé que les scories. Newton a découvert le système du monde, on ne peut le découvrir après lui. « Leurs écrits sont des vols qu'ils nous ont faits d'avance, » dit l'auteur de *la Métromanie*. Il y a donc dans les lettres, dans les arts, dans les sciences, un droit de premier occupant. Il en est de même des premiers propriétaires. Ils ont occupé avant nous, et ce n'est pas seulement, suivant la comparaison de Cicéron, comme au théâtre, où les premiers arrivés prennent les places inoccupées, car les premiers hommes n'ont pas été des spectateurs oisifs ; ils ont défriché la terre. Nous n'avons pas à examiner si ce sont bien ceux qui ont cultivé qui sont devenus les vrais propriétaires, car on ne peut réviser ces possessions dont les titres manquent : il faut donc concéder un droit acquis, sans lequel rien ne serait ni fixe, ni garanti. La conclusion est que le droit du premier occupant est indubitable, qu'il implique le droit de disposer, et que toute restriction à ce droit est une restriction au droit de propriété.

Considérons maintenant la question à un autre point de vue. Ce droit, ce privilège du premier occupant, si légitime qu'on le suppose, et si large qu'on le reconnaisse, peut-il aller jusqu'à exclure à tout jamais tous ceux qui doivent venir ensuite ? Le droit de propriété chez les uns doit-il prescrire à jamais le droit à la propriété chez les autres ? Il ne s'agit pas évidemment d'un prétendu droit de partage sur ce qu'on n'aurait pas gagné, ni d'une action qu'on pourrait intenter à la société pour avoir sa part ; mais il s'agit du droit de devenir propriétaire par son travail comme ceux qui nous ont précédés : ce droit ne saurait être prescrit. Cependant, si l'on admet la liberté de disposer illimitée, ne voit-on pas que, soit par les majorats et les substitutions, soit par les fondations avec leur faculté d'accumulation, il pourrait venir un temps où le sol tout entier, avec tout ce qu'il produit, deviendrait la possession exclusive de certaines corporations ou de quelques familles privilégiées ? L'exclusion du sol à tout jamais des familles nouvelles serait la conséquence inévitable de cet état de choses. Celles-ci ne pourraient trouver leur subsistance qu'en se mettant au service des autres : les uns jouiraient, et les autres travailleraient. De là le régime des castes, l'esclavage, le servage, la plèbe et toutes les grandes révolutions de l'histoire. On sait d'ailleurs quels sont les inconvénients économiques des biens de mainmorte et des terres inaliénables.

Que ce péril ne soit nullement chimérique, c'est ce qui est suffisamment prouvé par les précautions que l'ancien régime lui-même avait prises pour s'en préserver, — car c'est l'ancien régime qui, par l'ordonnance de 1666 et celle de 1749, avait interdit aux établissements religieux d'acquérir sans autorisation ; c'est l'ancien régime qui, par l'ordonnance de 1566, a interdit les substitutions indéfinies, et les a réduites à deux degrés. A la vérité, on pourrait croire qu'aujourd'hui, grâce au développement de la richesse mobilière, l'exclusion de la richesse territoriale aurait moins d'inconvénients qu'autrefois : on peut être aujourd'hui millionnaire sans posséder un pouce de terre. Mais la richesse mobilière elle-même a son fonds dans la richesse territoriale. Sans dire, comme les physiocrates, que la terre soit la seule richesse, elle est au moins l'instrument de toute richesse. Les mines, les chemins de fer, toutes les industries reposent sur le sol. Si celui-ci devenait le monopole de quelques grandes familles ou de quelques corporations, l'industrie redeviendrait la vassale des propriétaires du sol, et serait complètement paralysée ; la richesse mobilière ne se développerait pas, ou s'éteindrait rapidement. Enfin la propriété de la terre a toujours eu un charme particulier pour celui qui cultive, et qui sans aucun espoir d'arriver à cette propriété serait bientôt réduit à l'état de serf et de mainmortable. Dira-t-on qu'ouvrir en principe la propriété à tous, tandis qu'en fait si peu peuvent y atteindre, c'est faire plus de mal que de bien ? N'est-ce pas là une sorte d'ironie de la loi ? Les réformateurs haineux ne se sont pas fait faute de mettre en relief cette ironie. Nous répondrons : Il importe peu qu'on interprète mal un principe de justice, ce n'est pas une raison pour que le législateur pratique sciemment l'injustice. De ce que tous ne peuvent pas arriver à la propriété, ce qui dépend des conditions économiques qui ne sont pas en la puissance de la société, ce n'est pas une raison pour que ceux qui peuvent y arriver par le travail en soient exclus par la volonté de leurs prédécesseurs.

Tels sont donc les deux droits en présence : d'une part le droit de la propriété acquise, de l'autre le libre accès à la propriété. La révolution, préoccupée surtout des abus du droit de premier occupant, a cherché à le restreindre par la limitation du droit de tester. Les raisons qui ont déterminé alors les législateurs ont-elles encore aujourd'hui la même valeur ? y a-t-il lieu de reprendre cette question et de restituer à la liberté testamentaire une plus large part ? Quelques-uns le croient ; mais nous ne voulons pas entrer dans ce débat.

Nous ne jugeons pas la question au fond, nous la considérons seulement au point de vue historique. La révolution était-elle fondée à avoir de pareilles craintes ? Oui, sans doute, puisque l'ancien régime les avait eues lui-même, lui-même avait été préoccupé des abus du droit de disposer et avait cherché à le restreindre.

Le droit de la révolution est donc incontestable. Elle avait avant tout pour objet de combattre la propriété immobile et privilégiée : le droit illimité de tester n'était au fond que le droit d'interdire la propriété à tous au profit de quelques-uns. De là l'opposition de la révolution à cette prétendue liberté ; mais le droit d'aînesse et de substitution étant aboli d'une part, de l'autre le droit absolu de tester étant écarté, il ne restait plus que le vieux système coutumier, appliqué jusque-là aux biens de roture, à savoir le partage égal, avec un droit de réserve pour le père de famille. Quant à la quotité de la réserve, ce n'est plus qu'une question technique et pratique, où la lutte des deux principes se retrouve sans doute encore, mais avec beaucoup moins de gravité.

Au reste l'expérience a prouvé que dans cette circonstance le législateur n'a pas dépassé la mesure fixée par les mœurs, par les intérêts, par les sentiments de la nation. En fait, l'immense majorité des citoyens n'use même pas des droits que la loi leur laisse ; l'autorité paternelle, dont on demande sans cesse l'extension, ne profite même pas dans la plupart des cas de la faculté de réserve qui lui est laissée. Ces mœurs se sont répandues jusque dans les classes aristocratiques, et l'on vit, sous M. de Villèle, un membre de la noblesse refuser d'être pair de France à la condition de constituer un majorât pour son fils aîné : tant il est vrai, comme l'a dit M. de Tocqueville, que les classes aristocratiques elles-mêmes ont été gagnées par la douceur de mœurs de la famille démocratique.

En résumé, nous pouvons dire que l'abolition du régime féodal et l'abolition des privilèges en matière de succession ont eu pour double conséquence d'établir d'une part la liberté de la propriété, de l'autre le libre accès à la propriété. Si à ces deux réformes nous ajoutons l'abolition des jurandes et des maîtrises, et la consécration du principe de Turgot, à savoir « que le travail est la première et la plus sacrée des propriétés, » si nous considérons que la constituante a également consacré la propriété industrielle par l'établissement des brevets d'invention, qu'elle a posé la première base de la propriété intellectuelle et littéraire, que par le principe de la liberté de la presse, elle a ouvert la carrière à une nouvelle sorte de propriété, on peut affirmer sans réserve que la résultante générale des principes de la révolution a été l'affranchissement et l'extension de la propriété. Le mouvement général de la révolution est donc dans le sens de la propriété individuelle et non de la propriété commune. Quand on parle de l'expropriation pour cause d'utilité publique comme d'une atteinte à la propriété dont la révolution serait responsable, on oublie que ce droit existait déjà dans l'ancien régime ; mais, ce qui n'existait pas, c'était la garantie d'une indemnité préalable fixée par les tribunaux, ce qui est encore en faveur de la propriété. Il résulte de tous ces faits que la société de 89 est celle où le principe de la propriété a été le plus solidement établi dans le monde, et où les droits de chacun ont été garantis avec le plus d'équité. C'est dans les principes mêmes de la révolution que l'on trouvera le point d'appui le plus solide contre les rêveries socialistes, si de telles rêveries existent encore ; ces rêveries ne sont que des réminiscences d'ancien régime : *omnia sunt régis*, tel était le principe de la monarchie absolue, tel est le principe du communisme, la nation ayant succédé au roi. La révolution, en supprimant la mainmorte des corporations et la directe universelle de la royauté, a rendu à tout jamais impossible l'établissement d'une société communiste.